반짝반짝 튼튼한 이

마루야마 신이치로 감수 | 소년사진신문사 글
다카미야 마키 그림 | 이상희 옮김

봄의정원

어느 날이었어요.
이를 닦고 나서 크게 하품을 하는데,
입안 맨 안쪽에 아주 조그마한 이가 나 있는 거예요.
매일 양치질을 했지만 이런 건 처음 보았어요.

안녕! 나는 튼튼이야.
이제부터 치아의
비밀을 알려 줄게!

그건 바로 큰어금니*예요.
큰어금니는 영구치** 가운데 하나지요.
아기 때는 없었다가
여섯 살쯤 되면 조금씩 나와요.

◆ 큰어금니 : 입안 맨 안쪽에서 자라나는 크고 힘이 센 치아예요.
◆◆ 영구치 : 아기 때의 치아를 '젖니' 또는 '유치'라고 해요. 영구치는 젖니가 모두 빠진 뒤에 새로 자라나는 치아와 큰어금니를 모두 부르는 말이에요. 평생 사용하는 치아지요.

아래쪽 앞니도 아기 이인 젖니가 빠지고
어른 이인 영구치가 자라고 있어요.
왜 젖니는 빠지고 영구치가 새로 날까요?
젖니와 영구치는 서로 어떻게 다를까요?

그럼 이가
어떻게 자라는지
함께 알아볼까?

우리가 태어나기 전, 엄마 배 속에 있을 때
처음으로 치아의 씨앗이 만들어져요.
아기는 엄마와 이어져 있는 탯줄을 통해
공기와 영양분을 받고 무럭무럭 자라요.
그동안 이도 조금씩 자랄 준비를 하지요.

그러다 짠! 아기가 태어나요.
하지만 처음에는 이가 없어요.

태어나고 시간이 조금 지나야 이가 자라지요.
이때는 우유밖에 먹지 못하니까 이가 없어도 괜찮아요.

이가 점점 자라면 우유만 먹던 아기가
다른 음식도 먹을 수 있게 돼요.

처음에는 부드럽게 만든 이유식을 먹고,
서서히 딱딱한 것도 먹기 시작해요.
자라난 이로 꼭꼭 씹어 음식을 넘기면
배 속의 위와 장이 잘 소화시켜요.

세 살 정도가 되면 젖니가 거의 다 나와요.
윗니와 아랫니 모두 스무 개이지요.
어른보다 치아의 개수가 적지만
어른이 먹는 음식을 대부분 먹을 수 있어요.

여섯 살 아이의 치아예요.

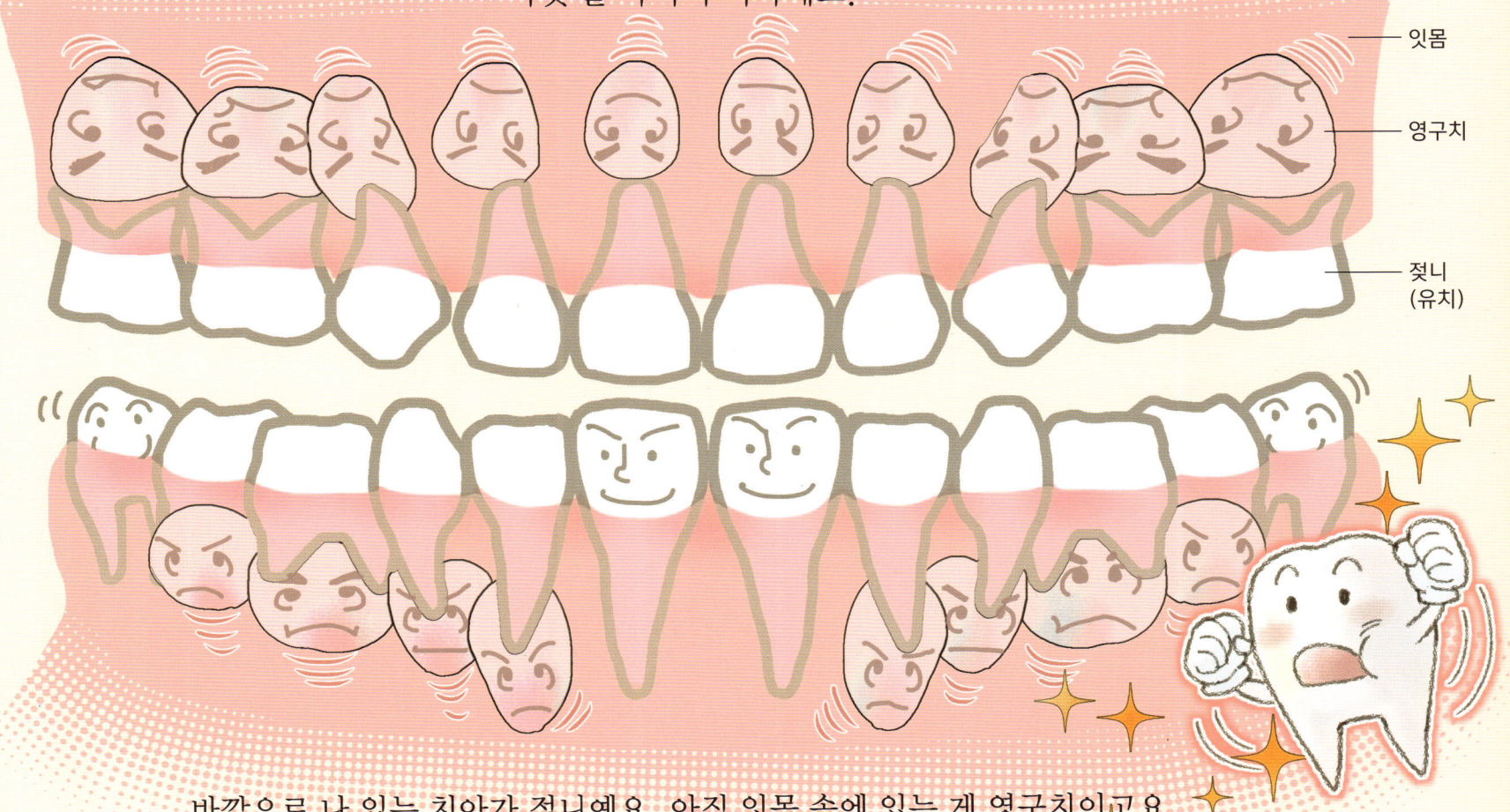

잇몸
영구치
젖니
(유치)

바깥으로 나 있는 치아가 젖니예요. 아직 잇몸 속에 있는 게 영구치이고요.
영구치가 젖니를 조금씩 밀어내고 있는 게 보이나요?
젖니가 빠지고 나면 영구치가 천천히 나와요.

치아는 다 똑같지 않아요.
모양과 하는 일이 서로 다르답니다.

나는 **큰어금니**야. 아직 조금밖에 나오지 않았지만
'이의 왕'이라고 불릴 만큼 힘이 세지.
딱딱한 음식을 꽉 깨물어 씹을 때면 내가 꼭 필요해!

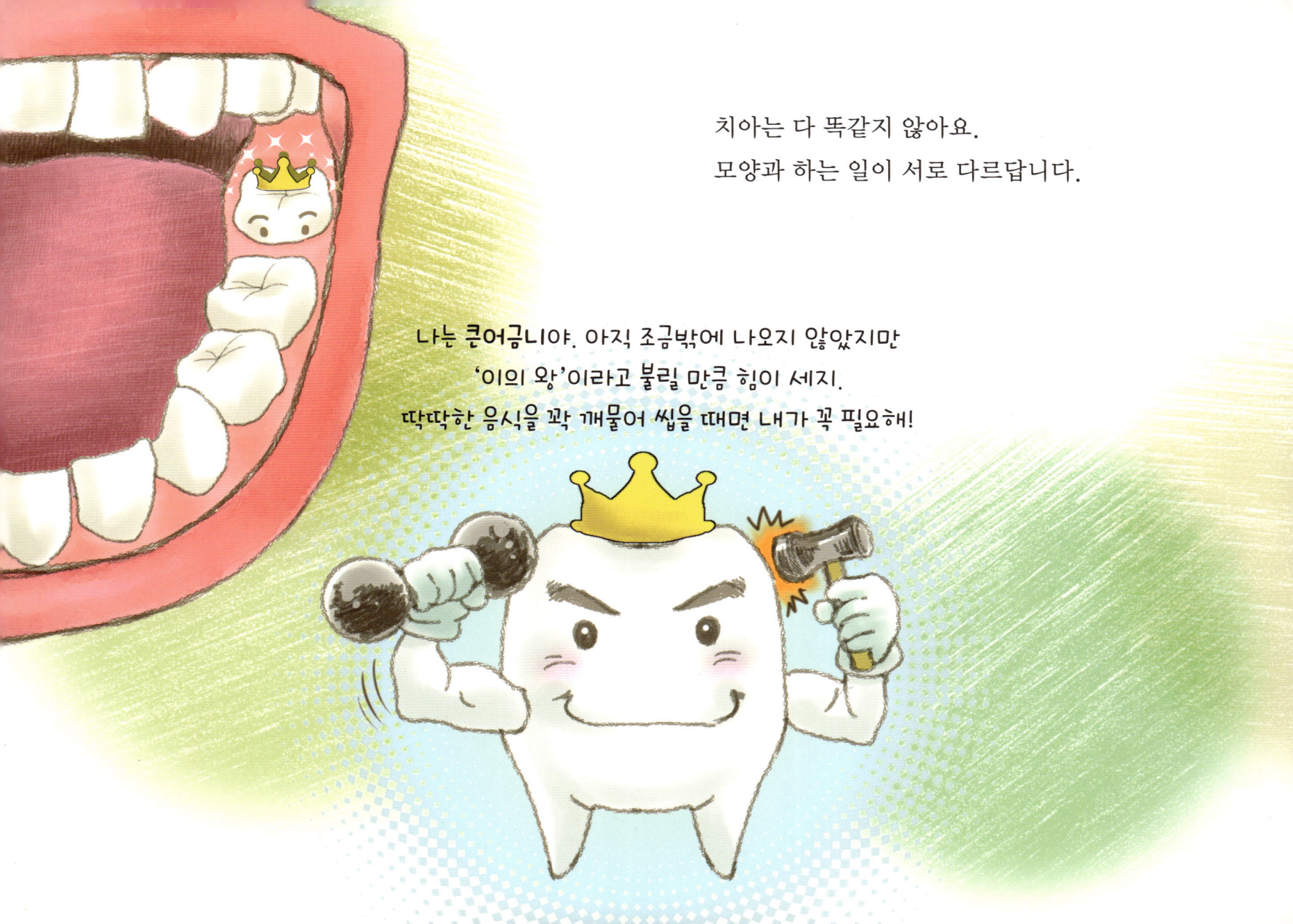

하지만 큰어금니는 입안 맨 안쪽에 있어서
양치질을 하기가 힘들어요.
울퉁불퉁하게 생겨서 음식물이 끼기 쉽고
이를 잘 닦지 않으면 충치*가 되어 버리지요.

◆ 충치 : 세균이 생겨서 벌레가 파먹은 것처럼 된 이예요.
　　　심해지면 음식을 씹을 때 아파요.

열 살 아이의 치아예요.

젖니 안쪽에 있는 영구치를 보세요. 여섯 살 때보다 이뿌리가 더 크게 자라 있지요?

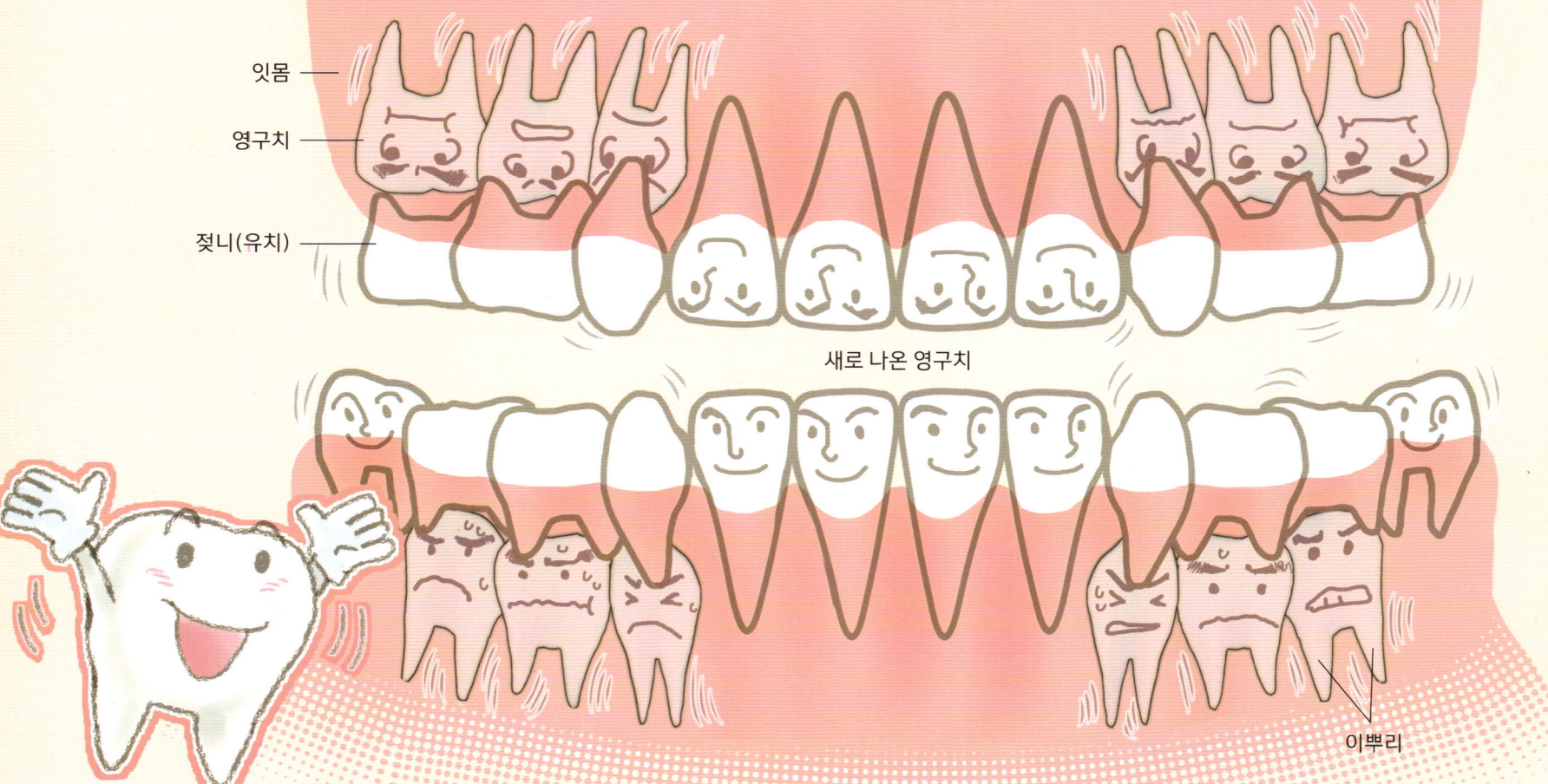

이뿌리는 이가 튼튼하게 버티도록 해요.

또 핏속에 있는 칼슘이라는 영양분을 모아 더욱 단단하고 건강한 이를 만들지요.

우리는 **앞니**야.
윗니와 아랫니가
힘을 합쳐 음식을 물고 적당히 잘라.
크기가 큰 음식이
입에 잘 들어갈 수 있도록 말이야.

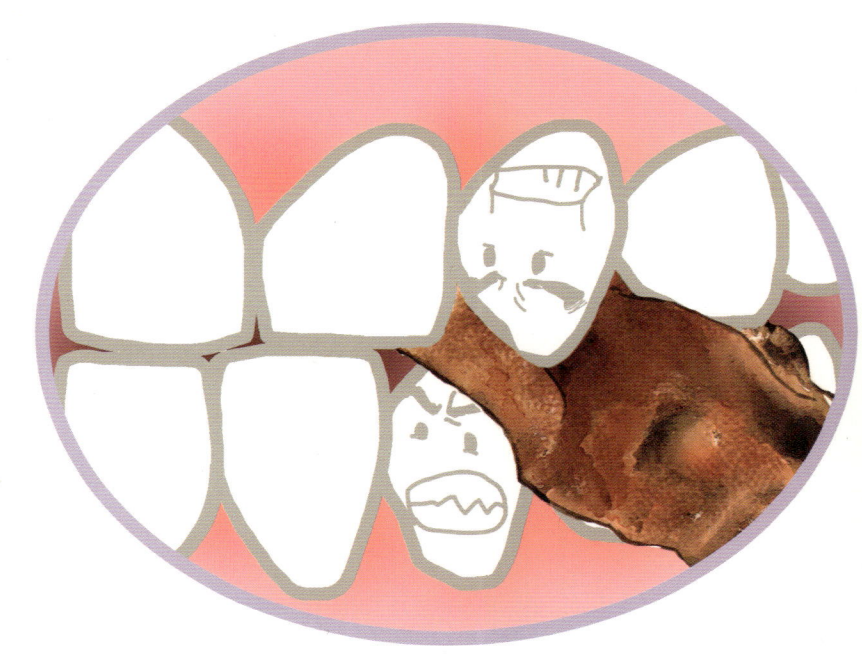

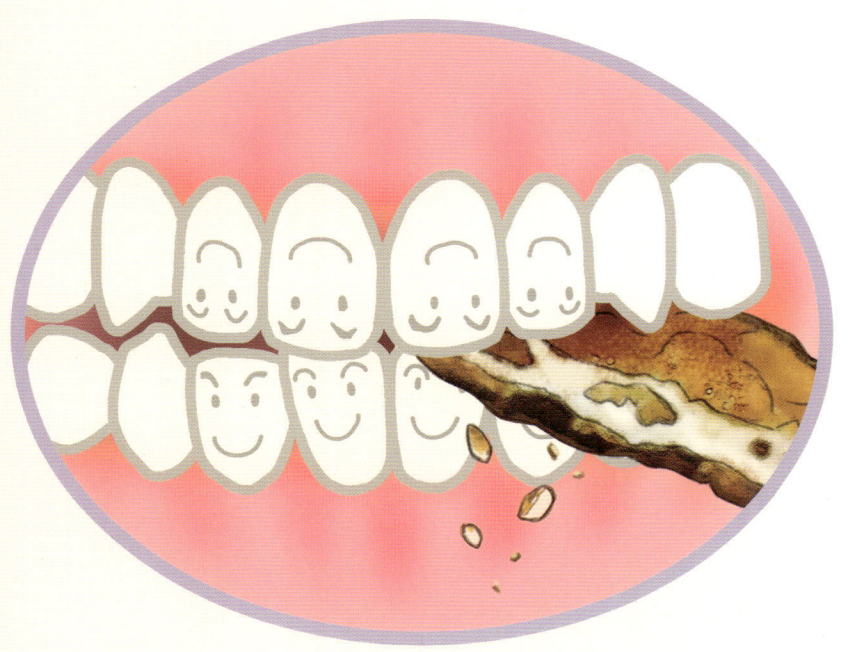

우리는 **송곳니**야.
칼처럼 날카롭고 뾰족해서
고기를 뜯어 먹을 때 사용하지.
아무리 질긴 음식이라도 문제없어.

사람에 따라 조금씩 다르지만
보통 열세 살이 되면 영구치가 모두 나와요.

이뿌리도 더욱 단단해지지요.

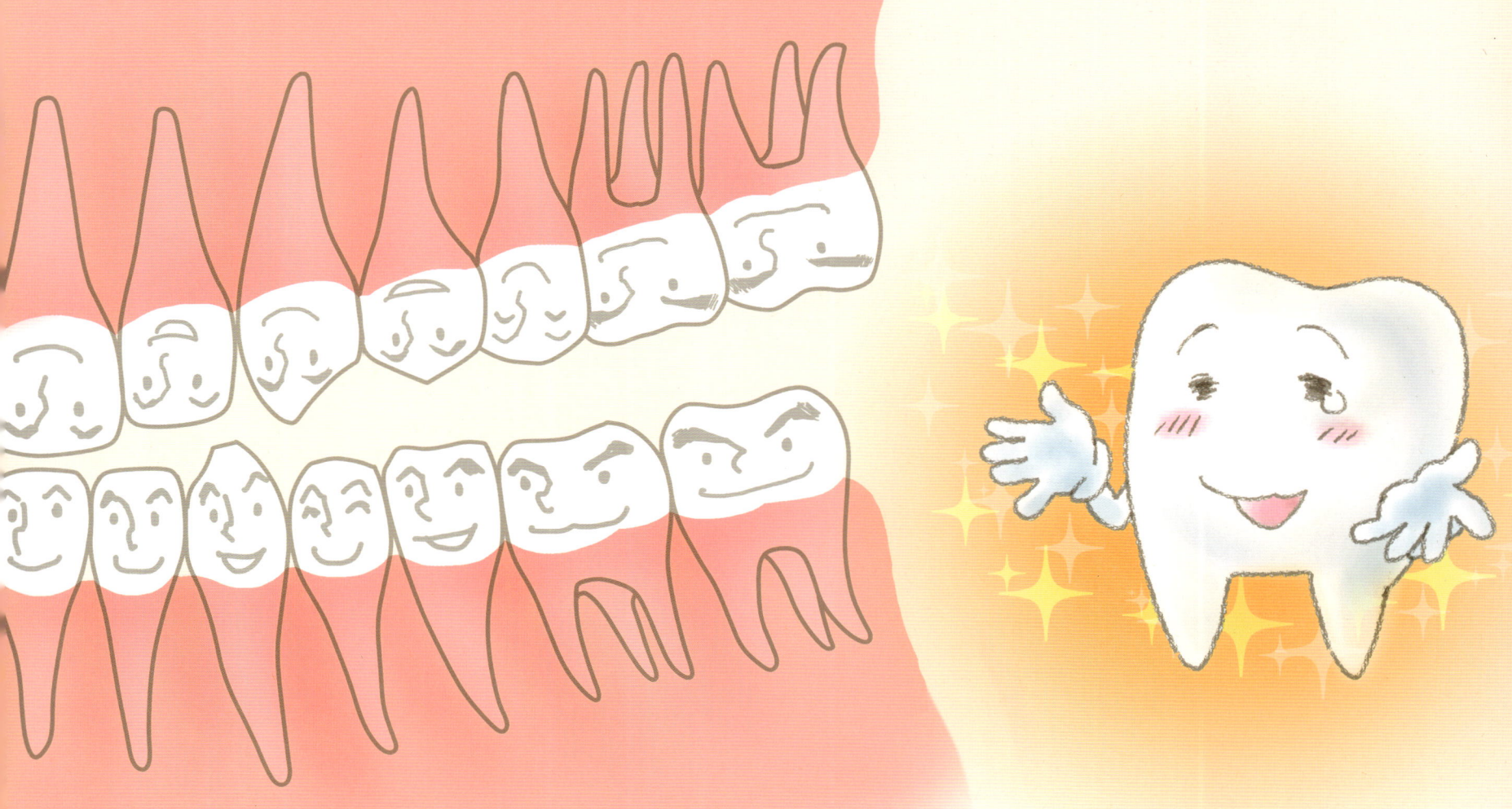

영구치가 나면, 그때부터는 계속 영구치만 사용하게 돼요.
영구치는 빠져 버려도 새로 나지 않지요.

같은 치아를 할아버지가
될 때까지 쓰는구나!

할아버지가 될 때까지 오래 사용하는 치아니까 아주 소중히 여겨야겠죠?

치아를 건강하게 지키려면 어떻게 해야 할까요? 어떤 음식을 먹을지 잘 생각해요.
달콤한 간식, 치아에 잘 들러붙는 음식은 충치가 생기기 쉬워요.

채소나 과일처럼 꼭꼭 씹어야 하는 음식,
치아에 잘 들러붙지 않는 음식은 충치를 막고 이를 건강하게 하지요.

음식을 잘 씹어 먹으려면 모든 치아가 다 필요해요.
앞니로는 큰 음식을 자르고,
송곳니로는 질긴 음식을 뜯고, 어금니로는 잘게 씹지요.

우리는 치아 덕분에 밥과 고기, 생선과 채소 등을
맛있게 먹을 수 있답니다.
밥 한 공기를 다 비울 수 있는 건
바로 건강한 치아 덕분이에요.

튼튼한 이로 꼭꼭 씹어 먹으면 음식이 잘게 쪼개져서
배 속의 위와 장이 음식물을 소화하기가 편해져요.

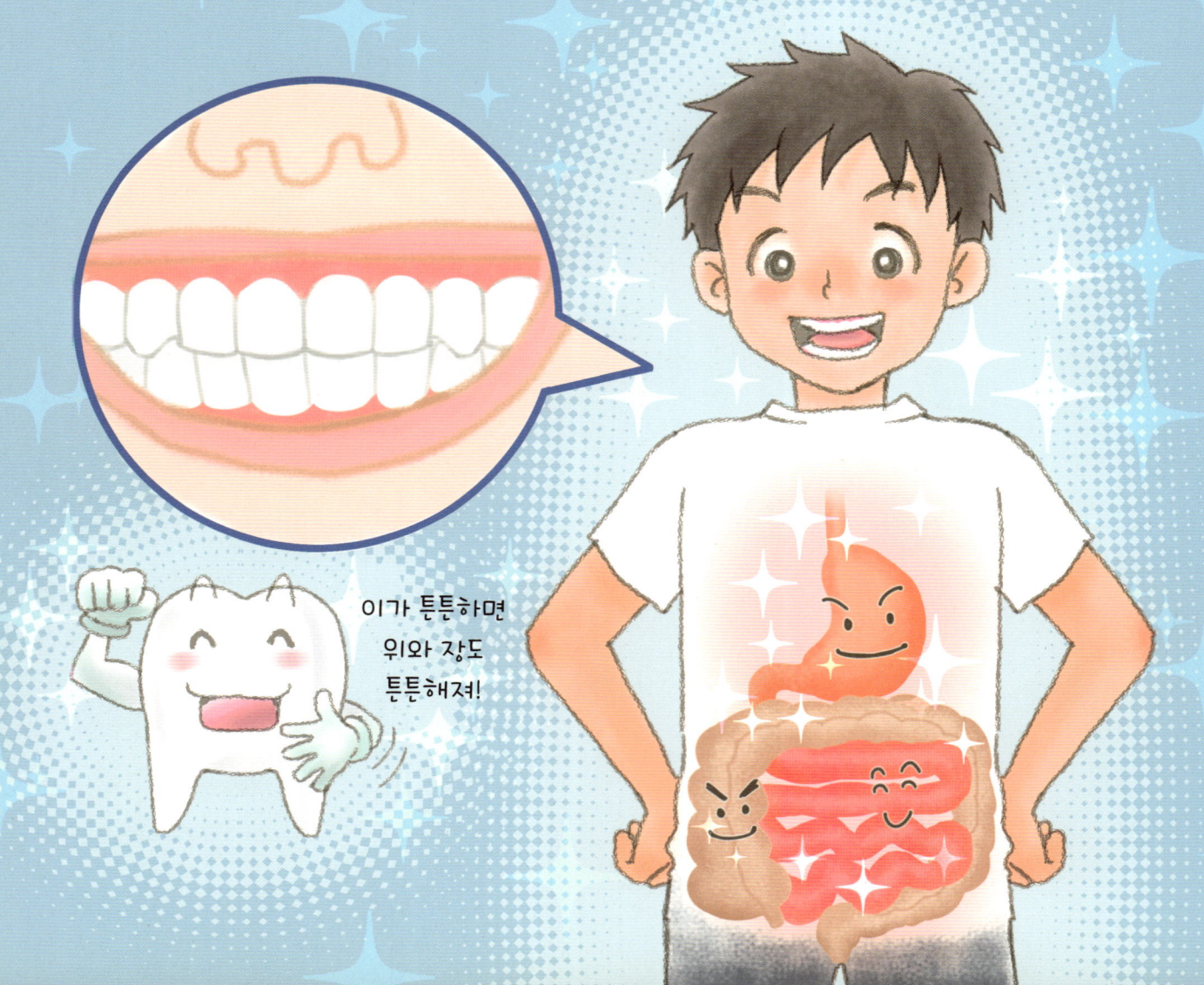

이가 튼튼하면
위와 장도
튼튼해져!

치아의 가장 중요한 역할은 음식을 씹는 것이지만,
그 밖에도 다양한 일을 해요.
힘을 많이 쓸 때 나도 모르게 이를 악물게 되지요?
또 치아가 있어서 또박또박 정확하게 말할 수 있어요.
치아로 음식을 씹거나 깨물 때 맛을 느끼기도 하지요.

음식을 꼭꼭 씹고 골고루 먹을 수 있도록 치아를 건강하게 지켜 가요.

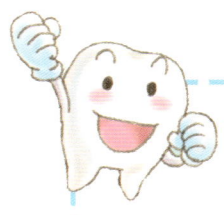

부모님께 드리는 글

이 책은 어린이들이 젖니(유치)에서 영구치로 바뀌는 과정을 따라가면서 치아의 소중함을 잘 알 수 있도록 꾸몄습니다. 음식을 잘 씹는 것이 우리 몸에 얼마나 중요한지도 자세하게 설명하고 있지요.

입안은 눈으로 잘 보이지 않기 때문에 어린이들은 치아의 모양이나 역할을 쉽게 상상하기 어렵습니다. 그래서 자라나는 어린이의 입안 모양을 그림으로 한눈에 볼 수 있도록 구성했습니다. 눈으로 보고 나면 치아 이야기가 더 쉽게 와 닿고, 치아 건강을 지키는 생활 습관을 실천하는 데도 도움이 되겠지요.

치아가 빠지고 다시 나는 과정은 어린이가 성장하면서 생기는 여러 가지 몸의 변화 가운데 처음 경험하게 되는 일입니다. 몸의 변화를 스스로 알아차리는 소중한 기회이므로 이 시기에 치아와 관련된 이야기를 자세히 들려주는 것이 좋습니다. 치아에 좋은 음식을 꼭꼭 씹어 먹는 것이 얼마나 중요한지, 치아를 왜 건강하게 관리해야 하는지 꼭 알려 주세요.

요즘 아이들은 충치가 생기는 비율이 예전보다 줄어든 반면, 잇몸병이 생기는 비율은 늘어나고 있습니다. 이것은 생활 습관과 관련되어 있습니다. 잠자리에 드는 시간이 늦어지고 있으며, 어릴 때부터 스트레스에 시달리는 경우도 많아졌기 때문입니다. 불규칙한 식습관도 그 원인으로 지적되지요. 치아 건강을 지키려면 바르고 규칙적인 생활을 해야 합니다.

물론 올바른 양치 습관을 들이는 것이 무엇보다 중요합니다. 그러나 자신의 치아와 잇몸, 몸에 대해 정확히 이해해야만 제대로 된 양치 습관을 기를 수 있다는 사실을 명심하세요. 그런 점에서 이 그림책을 유용하게 활용할 수 있을 것입니다.

치아와 잇몸은 스스로 건강하게 지킬 수 있습니다. 평생 사용해야 하는 치아의 건강을 위해 가족 모두 함께 공부하고 좋은 습관을 실천해 봐요.

일본학교치과의회 전 회장 **마루야마 신이치로**

정원그림책 반짝반짝 튼튼한 이

젖니에서 영구치로 바뀌는 과정을 통해 치아의 모양과 역할을 배우고, 치아를 건강하게 지켜야 하는 이유를 알게 됩니다.

감수를 한 마루야마 신이치로는 1952년 일본 도쿄에서 태어났습니다. 일본치과대학을 졸업하고 지금은 아이스밤비니 소아치과 이사장,
일반사단법인 일본소아치과학회 이사로 활동하고 있습니다. 일본학교치과의회 회장을 지내기도 했습니다.

글을 쓴 소년사진신문사는 일본에서 오랫동안 열정적으로 어린이책을 만들고 있는 출판사입니다.
'몸은 대단해!' 그림책 시리즈를 기획하고 직접 글을 썼습니다.

그림을 그린 다카미야 마키는 일러스트레이터로 활동하고 있습니다. 단행본과 어린이책은 물론 웹매거진 등 다양한 매체에 그림을 그리고 있습니다.

글을 옮긴 이상희는 중앙대학교 문예창작학과를 졸업하고 독일 본대학 아시아학부에서 번역학을 공부했습니다.
그 뒤 출판사에서 다양한 책을 만들었고, 지금은 전문 번역가로 활동하고 있습니다. 옮긴 책으로《심장이 콩닥콩닥》,《꿀잠이 최고야》,
《꼬마 거미의 질문 여행》,《나는 아빠가 좋아요》,《혼자 할 수 있어요!》,《거짓말 같은 진짜 이야기》,《파란 집의 수상한 이웃들》등이 있습니다.

반짝반짝 튼튼한 이

펴낸날 초판 1쇄 2018년 5월 25일
감수 마루야마 신이치로 | 글 소년사진신문사 | 그림 다카미야 마키 | 옮김 이상희 | 편집 이해라 | 디자인 designforme
펴낸이 전은옥 | 펴낸곳 봄의정원 | 등록 제2013-000189호 | 주소 03935 서울시 마포구 월드컵북로 260, 31-309
전화 02-337-5446 | 팩스 0505-115-5446 | 이메일 eunok9@hanmail.net
ISBN 979-11-87154-74-7 77400 | 값 12,000원

KAMIKAMI MOGUMOGU GENKI NA HA
Supervised by Shinichiro Maruyama & Illustrations by Maki Takamiya & Story by Shonen Shashin Shimbunsha, Inc.
Copyright Story ⓒ Shonen Shashin Shimbunsha, Inc. 2017
Copyright Illustrations ⓒ Maki Takamiya 2017 All rights reserved.
First published in Japan in 2017 by Shonen Shashin Shimbunsha, Inc., Tokyo.
Korean translation rights arranged with Shonen Shashin Shimbunsha, Inc. through Gaon Agency, Seoul
Korean translation copyright ⓒ 2018 by SpringGarden

이 책의 한국어판 저작권은 가온에이전시를 통한 Shonen Shashin Shimbunsha, Inc.와의 독점계약으로 봄의정원에 있습니다.
저작권법에 의해 한국 내에서 보호를 받는 저작물이므로 무단전재와 무단복제를 금합니다.

이 도서의 국립중앙도서관 출판예정도서목록(CIP)은 서지정보유통지원시스템 홈페이지(http://seoji.nl.go.kr)와
국가자료공동목록시스템(http://www.nl.go.kr/kolisnet)에서 이용하실 수 있습니다.(CIP제어번호: CIP2018012136)

＊잘못 만든 책은 구입하신 서점에서 바꾸어 드립니다.

품명 아동 도서	제조년월 2018년 5월 25일	주의사항 종이에 베이거나 긁히지 않도록 조심하세요.
사용연령 6세 이상	제조자명 봄의정원	책 모서리가 날카로우니 던지거나 떨어뜨리지 마세요.
제조국 대한민국	연락처 (02) 337-5446	
주소 서울시 마포구 월드컵북로 260, 31-309		KC마크는 이 제품이 공통안전기준에 적합하였음을 의미합니다.